Para: Zeilz
De: Lety con
mucho cariño

DIRECCIÓN DE ARTE: Trini Vergara
DISEÑO: Raquel Cané

www.libroregalo.com

ARGENTINA: Demaría 4412 (C1425 AEB) Buenos Aires
Tel./Fax: (54-11) 4778-9444 y rotativas
e-mail: editoras@libroregalo.com

MÉXICO: Av. Tamaulipas 145, Colonia Hipódromo Condesa
CP 06170 - Delegación Cuauhtémoc, México D. F.
Tel./Fax: (5255) 5220-6620/6621 • 01800-543-4995
e-mail: editoras@vergarariba.com.mx

ISBN-10: 987-9201-40-X
ISBN-13: 978-987-9201-40-4

Impreso en China por AVA Books Production Pte Ltd, Singapore.
Printed in China

Lidia María Riba
Un regalo para mi hermana - 1ª ed.
Ciudad Autónoma de Buenos Aires: V&R, 2005.
44 p.; 18x13 cm.

ISBN-10: 987-9201-40-X
ISBN-13: 978-987-9201-40-4

1. Narrativa Argentina
I. Título
CDD A863.

Un regalo para
mi Hermana

L I D I A   M A R Í A   R I B A

EDITORAS

$\mathcal{U}$na hermana es para siempre.

Jamás una afirmación ha sido más exacta.

Nuestro corazón atesora muchos afectos:

algunos nos han sido dados con la propia existencia,

conquistamos y conservamos otros a través del tiempo:

amores, amigos, hijos... No todos podrán

permanecer a nuestro lado, y no todos están destinados

a acompañarnos siempre, porque tal vez,

en algún momento, elijan un camino diferente o porque

nos dejarán para crecer... Pero una hermana está hecha

para quedarse. Desde el primer día de su vida.

Comparte las alegrías y sinsabores de nuestros primeros

años, aprende la vida y llega a la madurez

de nuestra mano. Y está. Siempre está.

Pase lo que pase, pese a todo...

Más allá de las diferencias, más allá de los celos

y de las peleas, más allá de eventuales distancias,

más allá de las ideologías y de los años que nos separen.

Con su presencia, ya nunca más temeremos a la soledad.

Mi hermana...

es la única persona con la que puedo
ser yo misma, mostrarme sin ropajes
que disimulen mis defectos, sin miedo al ridículo...

es testigo y coprotagonista de mi ayer;
ella sabe porque sabe, comprende,
contiene, perdona tantas cosas de mi hoy...

es alguien con quien las risas cómplices esconden
códigos indescifrables para los extraños...

es la posibilidad de contar con un guardarropas extra,
siempre abierto, disponible y a mano...

es quien se lleva lo mejor de mi guardarropas,
sin avisarme y sin el menor temor a mis protestas...

es la persona de quien acepto la crítica porque sé
que sólo la impulsa el amor...

es mi rival y mi compañera de aventuras...

es mi opuesto y mi complemento...
tan diferente a mí y también, mi alma gemela...

*L*os veranos de la inocencia.
La ilusión del árbol de Navidad.
Las preguntas adolescentes.
La emoción del primer amor.
La tristeza de las pérdidas.
El vestido negro.
Muñecas y osos de peluche.
Anillos de oro y collares de caracolas.
El abrazo de los festejos.
La herencia del orden.
La risa hasta las lágrimas.
Y las lágrimas.
Algunas obsesiones.
Algunas cualidades...
El ayer y el hoy.
Todo, todo lo compartimos.

$\mathcal{L}$as personas que no han tenido la bendición
de una hermana no pueden comprender
esta permanente controversia.
¿Cómo es posible que ayer me quejara tanto
de que me habías hecho esto o dicho lo otro y ahora,
corro a tu lado porque creo que me necesitas?
Porque tú harías exactamente lo mismo.
Quejarte de mí y abandonarlo todo para ayudarme.

$\mathcal{T}$enerte en mi vida ha significado tantas cosas...
Por un lado, ya no soy capaz de disfrutar algo plenamente
si no puedo compartirlo, de alguna manera, contigo.
Busco el espacio, el momento necesarios
para involucrarte en mi alegría porque sé que así,
sólo así, se multiplicará.
Por otro lado, una íntima convicción me sostiene frente
a las dificultades: no estoy sola, nunca lo estaré.
Y no importa si nos encontramos a dos pasos
de distancia o en continentes diferentes.
Sé que siempre podré contar contigo.

¡Usaste mi maquillaje y lo dejaste abierto
a propósito!

¡Te llevaste mis mejores discos compactos a la fiesta
y los olvidaste allí!

¡Siempre eres la preferida!

¿Cómo se te ocurre manchar mi mejor vestido
y guardarlo sin avisarme?

¡Eres una egoísta, hoy me toca a mí!

¿Te falta dinero de tu escondite secreto? Puede ser...
Creo que el otro día necesité algo...

¡Nunca me avisas cuando me llaman por teléfono!

¿Él te dijo eso? ¿Quién se cree que es? ¡No te merece!
Sólo un idiota es capaz de perderse la mejor chica
del mundo. ¿Cómo no se da cuenta de que eres perfecta...?

Una hermana mayor

Aprende a ser madre mucho antes de que lleguen
sus hijos: cuida, protege y sobreprotege.

Conoce muy temprano el significado de la palabra
injusticia cuando la menor, solo por serlo,
se queda con la mejor parte de todo.

Marca el rumbo, desafiando consignas paternas
que luego disfrutará su hermana menor
sin ningún esfuerzo.

Arrastra resignada a su hermana menor a fiestas
de cumpleaños, salidas con sus amigas o al cine,
con el chico que le gusta.

Soporta el desorden, perdona las roturas,
acepta el inevitable destino de ser siempre el ejemplo.

Toda hermana mayor deseó alguna vez ser hija única.
Y toda hermana mayor ama incondicionalmente
a su hermana menor.

Una hermana menor

Aprende a mirar la vida con los ojos de su hermana mayor:
cómo cruzar la calle, cómo andar en bicicleta, cómo lograr
que papá o mamá... Cómo ser igual a ella en todo.

Escucha siempre que todavía no,
que su hermana mayor sí puede, que ella sabe más...

Acepta que gran parte de su ropa le quede siempre
muy larga o muy corta o muy grande...
porque la hereda de su hermana mayor.

18

Para su hermana mayor es, primero, una muñeca,
luego se transforma en una molestia
y, solo con los años, se convierte en su igual.

Convive día a día con los celos: siente que todo
lo que pertenece a su hermana mayor
es mejor que lo suyo.

Toda hermana menor deseó alguna vez ser hija única.
Y todas idolatran a sus hermanas mayores.

Momentos

¿Recuerdas esa mágica ocasión en que creímos tocar
las dos el cielo porque la vida se había vestido
con sus mejores galas sólo para ti?
Habías logrado lo que deseabas tanto... a pesar de todos
los pronósticos, de todas las dificultades. A fuerza
de coraje, a pura voluntad. No imagino mayor alegría
que haber disfrutado el privilegio de compartir
contigo aquella felicidad.

$\mathcal{E}$n otra ocasión, la tristeza nos dejó exánimes
y se llevó lo mejor de nuestra esperanza.
Para los demás y seguramente para ti también, esa pena
tan honda tenía tu nombre. Sin embargo, para mí
era tan mía como tuya. Hubiera cambiado,
de haber podido, tus lágrimas por las mías, tu vacío
por todas mis posesiones.

El tiempo ha pasado suavizando ese golpe
hasta convertirlo en una nostalgia que no desaparecerá
jamás. No hablamos con frecuencia de aquello porque
el corazón encierra pudorosamente ciertos dolores,
pero sabemos que vivir de a dos esa pena nos ha unido
tanto como celebrar juntas las alegrías.

$\mathcal{U}$na de tus mejores cualidades es tu manera
de relacionarte con la gente: todas las personas
te interesan, son importantes para ti.
Te tomas tiempo para dedicárselo a tus amigos,
estás al tanto de sus necesidades y vas por la vida
buscando soluciones para todos.
Si un pintor tuviera que hacer un retrato tuyo,
seguramente te pintaría con tu mano extendida.
Hacia el otro. Pero esa sencilla generosidad
con la que te entregas a los demás, juega en contra
de la concreción de tus propios sueños, que se demoran
esperando una mejor oportunidad. Te preocupa
tener menos tiempo, no para ti sino para los otros.

Mi deseo para ti es que puedas dejar
por un tiempo lo que mejor sabes hacer
–dedicarte a los demás– para ir detrás de tu sueño
personal. Nadie te lo reclama, es verdad,
incluso pocos lo conocen, pero yo sé que duerme
oculto en tu corazón.
No te desanimes, camina sin dudas hasta tu meta.
Será una inesperada lección que enseñarás a todos,
a mí misma. Tal vez más de uno de nosotros
sepa aprovecharla.
Los sueños no tienen prejuicios, no saben
de circunstancias ni de edades, están siempre allí,
nuevos y esperanzados deseando que volvamos
a buscarlos para hacerlos realidad.
Vive con alegría los tuyos.

*L*a gente nos encuentra parecidas...
y tiene razón.
¿Cómo? Una de ojos claros, la otra, oscuros.
Una distraída, la otra ordenada.
Una apasionada por su trabajo, la otra por su familia.
Una delgada, la otra en estado de dieta permanente.
Una audaz, la otra tímida...
Sin embargo, el lazo que nos une trasciende
nuestras diferencias.
Nos une aquel jardín de nuestros primeros años,
en el que una enseñaba a caminar a la otra.

Nos une el amor que construyeron
en nosotras nuestros padres.
Nos unen las queridas historias familiares,
repetidas mil veces.
Nos unen varias aventuras nunca contadas.
Nos une la irrenunciable alegría de ayudarnos.
Como a nadie. Más que a nadie.
Nos unen la memoria y el futuro por compartir.
En tus ojos y en los míos hoy vemos nuestro espejo.
Distintas, idénticas.
Hermanas del alma.

Juntas, ayer

Durante nuestra infancia, no sabíamos todavía
cuánto significaríamos una para la otra pero, paso a paso,
fuimos construyendo este lazo que nos une.
La primera que aprendió a leer compartió con la otra
el mágico mundo de los cuentos de hadas.
La que nunca perdía nada se encargaba de verificar
que la otra no fuera dejando tras de sí sus posesiones.
Recuerdo la admirada ilusión con que desenvolvimos
aquella casa de muñecas el día que nos la regalaron,
sin pensar cuál de las dos sería su dueña. Y los juegos
en los que una personificaba a la maestra y la otra
a su paciente alumna; o una vendía cosas obtenidas
sin que mamá se diera cuenta y la otra compraba
en la tienda imaginaria. Y aquel rol que intercambiábamos
según la necesidad del momento: el de la hermana fuerte
que enjugaba lágrimas y defendía a la otra contra todo.
Años de mágicas travesías y miedos, de infantiles
travesuras y sorpresas, años que fueron mejores
por el simple hecho de haberlos transcurrido juntas.

Juntas, mañana

Cierro los ojos y nos imagino a las dos, viejitas. Lúcidas,
serenas y orgullosamente arrugadas.
(Bueno, tal vez no tanto.)
Cerca de un enorme ventanal, de cara al sol,
cada una en su silla mecedora, escuchamos una música
suave. ¿Alguien más nos acompaña? Quizás.
Los hijos y los nietos han estado de visita hace poco.
Nos hemos reído relatándoles cosas de un pasado
que se nos ha vuelto más cercano.
Hablaremos de ellos después: de su espíritu,
que nos refleja, de sus triunfos que también serán nuestros,
y de sus problemas, que compartiremos por igual.
Me tomarás de la mano cuando veas
que alguna nostalgia me emociona.
En silencio, nos entenderemos sin palabras.
Me cuidarás, te cuidaré. Muy cerca. Juntas,
tal como comenzó todo. Como toda la vida.

Mi aliada

Sin duda tenemos nuestras diferencias de carácter,
de manera de pensar la vida, de reaccionar ante
las dificultades... Pero todo se desvanece mágicamente
cuando me amenaza algún problema. Te conviertes
en un cruzado que lucha junto a mí sin condiciones.
No lo dudo ni un instante: estás de mi lado.
Frente a todos. Y todo se me hace más fácil
porque cuento con tu apoyo.

Mi médico, mi enfermera

Te preocupas por mí más que yo misma y eres
la primera persona a la que llamo si estoy enferma.
¿Quién podría hacerme reír como tú aun
en las situaciones más difíciles? ¿Y en quién podría
confiar más en mis momentos de debilidad?
Sé que tu cuidado y tu cariño serán
mi mejor tratamiento.

Mi consejera, mi psicóloga

Me conoces tal vez mejor que ninguna otra persona
en el mundo. Cómo ocultarte nada, si hemos crecido
juntas... Por eso, procuro tu opinión antes que
la de nadie. Muchas inquietudes, pequeñas dudas
y grandes decisiones se han despejado en mí
al escucharte. Tus palabras a tiempo, tus consejos
siempre me ayudan a encontrar la solución que busco.
A veces, ni siquiera debes decir nada.
Me bastan tu mirada preocupada o tu silencio alerta
para elegir el camino a tomar.

Mi maestra

Me has enseñado muchas cosas...
incluso, acerca de mí misma.
Y te has convertido en mi modelo
en distintos aspectos de la vida.
Los límites entre la hermana mayor
o la menor jamás han tenido
importancia entre nosotras.
Aprendemos una de otra del mejor modo posible:
a través del amor.

Mi amiga

¿Necesito contarte lo que me sucede
y son las tres de la mañana?
Sé que te encontraré dispuesta a escucharme.
¿Un imprevisto de último momento y nadie
que me reemplace?
Bastará con pedirte que vengas.
¿Rodeada de gente estoy a punto de cometer un error?
Un gesto tuyo será suficiente para que lo comprenda.
¿Me abruman las infinitas tareas de una mudanza?
Quién mejor que tú para ayudarme a encontrar
el sitio perfecto, para armar y desarmar cientos
de paquetes, para perder horas conmigo buscando
el sillón más adecuado...
Mi hermana, mi mejor amiga.

Para mi hermana

¿Qué podría regalarte para demostrarte
lo que significas para mí?
Nada material sería suficiente
y sé también que nada esperas.
Quisiera para ti un mundo perfecto.
Deseo que todas tus mañanas sean soleadas,
que el frío nunca se anide en tu corazón,
que vivas siempre al abrigo de quienes amas.
Te deseo una navegación tranquila,
por aguas cálidas, sin tormentas,
con las estrellas como guía,
brillando sólo por ti.
Te deseo una cosecha abundante,
que te devuelva multiplicada
la generosidad con la que siembras.
Te deseo la paz y la aventura.

Que cierres tus ojos cada noche
con la serena satisfacción de las tareas realizadas.
Y que los abras cada día disfrutando
de lo cotidiano y de lo inesperado,
con la ilusión siempre nueva.
Te deseo uno de los mayores dones de la vida:
una hermana.
Pero, espera, este deseo ya me ha sido concedido.
Me tienes a mí, para acompañarte,
para ayudarte y reír contigo.
Me tienes a mí, para celebrarte y darte mi mano
cuando la necesites.
Tienes mi admiración y mi cariño.
Me tienes a tu lado.
Me tienes de tu lado.
Hermanas para siempre.

Los libros de Lidia María Riba

UN REGALO
PARA MI MADRE

PARA EL HOMBRE
DE MI VIDA

VOCACIÓN
DE ENSEÑAR

UN REGALO
PARA MI HIJA

PARA MI HIJA
QUE HA CRECIDO

MAMÁ, QUÉDATE
CONMIGO

¡Tu opinión es importante!

Escríbenos un e-mail a miopinion@libroregalo.com
con el título de este libro en el "Asunto".